JAZBAAT Unwritten

unwritten, yet always felt

kanishka garg

BookLeaf Publishing
India | USA | UK

Made with ❤ on the BookLeaf Publishing Platform
www.bookleafpub.in
www.bookleafpub.com

Dedication

To the emotions I could never speak,
To the silence that spoke louder than words,
To the pages that patiently waited for my truth.
This book is dedicated to:
Those who feel deeply but stay silent.
Those whose hearts write stories their hands never did.
And to the version of me that survived without ever being heard.
May these unwritten jazbaat find a home in your soul
—
Where poetry begins where language ends.

Preface

Some feelings don't turn into words-

They stay hidden in glances, silences, and sighs.

"JAZBAAT unwritten" is a reflection of emotions that were never spoken, yet always felt.

These poems come from silences, from unshed tears, and from truths that hid behind a smile.

I don't know how far these poems will reach, but if even one reader finds their own hidden emotions here,

Then this book has found its purpose.

KANISHKA GARG

Acknowledgements

Creating **"JAZBAAT unwritten"** has been a meaningful experience- a way to express thoughts, feelings, and observations that often go unnoticed or unspoken.

I would like to thank my family for their constant support and encouragement throughout the process.

To my friends, thank you for your honest feedback, warm presence, and silent motivation.

To everyone who has ever felt something they couldn't express- this book is for you.

And finally, thank you to the readers-for taking the time to explore these unwritten emotions with an open heart.

Kanishka garg

1. डर से बात करे

आओ डर से बात करे ,
अंधेरो को भी साथ करे ,
जिस डर ने रोका हमे,
उसे रौशनी के हाथ करे। .

आओ सपनो की रौशनी को ,हकीकत में बदले हम ,
खुद को करे इतना बुलंद ,
आओ अंधेरो से लड़े हम। .

आओ खुद को समेटें हम ,
खुद का साया बन लड़े हम ,
डर भी हमसे डर जाए ,इस कदर हौसला रखे हम। .

आओ,जो अंधेरो में फूल खिल ना सके ,
उन्हें रौशनी की किरण दी जाए ,
चलो ,फिर एक बार ज़िन्दगी जी जाए ,
फिर एक बार ज़िन्दगी जी जाए। ..

2. कल की फ़िक्र में

सुकून ही खो गया , इंसान ने जीना ही छोड़ दिआ ,
कल की फ़िक्र मे।
आज का वक्त भी खोदिआ ,
हर ख़ुशी को गम में बदल लिआ ,
कल की फ़िक्र में।
हसना भूल गया ,
दो पल दोस्तों के साथ बैठना भूल गया ,
कल की फ़िक्र में।
सुकून ही खो गया , इंसान ने जीना ही छोड़ दिआ ,
कल की फ़िक्र में। .

आज के पल को ही भूल गया ,
उस कल के लिए ,जिस कल का कुछ पता नहीं ,
कल की फ़िक्र में।
खुद पे ध्यान देना भूल गया ,
अपनों से नाता छूट गया ,
कल की फ़िक्र में।
सुकून ही खो गया , इंसान ने जीना ही छोड़ दिआ ,
कल की फ़िक्र में। .

अपनी उम्र से बड़ा होगया ,
उस कल से नाता जोड़ लिआ,
कल की फ़िक्र में।
उस समय को भी समय ना दिआ ,जो समय था तेरे लिए ,
उस समय को भी गवा दिआ ,उस कल के लिए,
इंसान ने जीना ही छोड़ दिआ ,कल की फ़िक्र में।

सुकून ही खोगया ,इंसान ने जीना ही छोड़ दिआ ,
कल की फ़िक्र में। ..

3. लोग तो बोलेंगे

तू हार ,लोग तो बोलेंगे ,
तू रख हौसला ,लोग तो टोकेंगे ,
तू गिर ,लोग तो हॅसेंगे ,
तू हो खड़ा ,वही लोग ही तो ताली पीटेंगे। .

ये लोग है जनाब ,जो जीने नहीं देते ,
कोशिश करे जो ,उसे खुश रहने नहीं देते।
चल फिर ,
तू खुद पे कर भरोसा ,मेहनत पे यकीन ,
यही चार लोग बोलेंगे ,हमे तो था तुझपर यकीन। .

ये दुनिया की रीत निराली हैं ,
तुम कैसे इतने खुश हो ,यही तो एक गाली है।
चल फिर ,
हो खड़ा ,कर हौसला ,
रख विश्वास ,फिर यही लोग बोलेंगे ,
तू तो था ही ख़ास ,
तू तो था ही ख़ास। ...

4. आओ ख्वाब बुने

आओ ,ख़्वाब बुने ,
क्यों ,बड़े होगए ,
आओ चलो ,फिर बच्चे बने ,
टेंशन से दूर ,थोड़ा सुकून चुने ,
थोड़ा खेले ,थोड़ा कूदे ,
दो पल दुनिया से दूर चले ,
आओ,फिर ख्वाब बुने। .

कुछ वक्त निकाले ,खुद को चुने ,
चलो,उस समय को याद कर ,उस समय को रोक दे ,
कुछ पल खुदके ,खुदको सोपदे ,
आओ ,फिर ख़्वाब बुने। .

दोस्तों के साथ ,कुछ किस्से दोरहाए ,
चलो फिर ,
एक नई याद बनाए।
हाँ ,होगए बड़े ,ज़िन्दगी से परे ,
थोड़े समझदार ,थोड़ी उम्र में बड़े।
काश ज़िन्दगी थम जाती ,थोड़ी और सवर जाती ,
अभी तो समय है ,ये कहकर रुक जाती।

चलो ,कोई नहीं ,
आओ ,फिर एक ख्वाब बुने ,
फिर एक ख्वाब बुने। ...

5. इंतज़ार

अरे ,नहीं रहे हम ,
अब तो कर लो कदर ,
ये कहते कहते चले गए हम |
तुमने कहा समय नहीं है ,
हमने कहा ,हम दिल के इतने भी बुरे नहीं है ,
उस कल कल के इंतज़ार में ,
ना जाने कितने कल निकल गए ,
क्या पता ,क्या पता ,
वक्त थम जाता ,तो कल अजाता |
पर शायद ,
तुम्हारी समझदारी के आगे ,
मेरी नदानी हार गयी ,
तुम नज़र अंदाज़ करते रहगए ,
और,हम ना समझ ,तुम्हे व्यस्थ समझते रह गए।

अब भी समय निकाल पाओगे क्या ,
आखरी बार मिलने आ पाओगे क्या ,
इंतज़ार रहेगा ,इंतज़ार रहेगा,
बस आखरी बार कहदेना ,

समय मिल गया ,थोड़ा वक्त आपको हमारे लिए भी मिल गया ,
थोड़ा वक्त आपको हमारे लिए भी मिल गया। ......

6. एक ख़्याल आया

एक ख्याल आया ,कुछ आज़माया जाए ,
कौन किसका कितना है ,ये परखा जाए ,
कुछ दिन सबसे दूर रहा जाए ,
कौन याद करता है ,चलो ये देखा जाए।
ज़वाब ,
हमे पता था ,कोई किसी का नहीं ,
ये तो रब ने भी कहा था।
दुनिया का हर रिश्ता ,हमने आज़माया ,
पैसों के है सब ,वक़्त ने बतलाया।
कोई ख़ुशी में भी साथ देगा ,
ये सपना छोड़ दो ,
दुख में कोई अपना होगा ,
ये भ्रम तोड़ दो।
हर रिश्ता मतलब से चलता है ,जमाने में ,
बिन स्वार्थ जो निभाए ,वो माँ -बाप है ,
इस फ़साने में।
हाँ ,
माँ -बाप सा फरिश्ता होता नहीं कोई ,
खुदको तराज़ू पे तोल दे ,उनसा दूजा नहीं कोई ,
लेकिन ,

राधा सी प्रेमी मिल जाए कोई ,
तो उस जैसा साथी नहीं ,संसार में कोई।
तो उस जैसा साथी नहीं ,संसार में कोई। ..

7. जज़्बात

मैं तुम्हारी होजाऊंगी ,तुम मेरे हो पाओगे क्या ,
मैं इक़रार करुँगी ,तुम प्यार कर पाओगे क्या ,

मैं राधा सा इंतज़ार करुँगी ,तुम श्याम सा मिलने आओगे क्या ,
कुछ ऐसा प्यार कर पाओगे क्या ,
अगले जन्म फिर आओगे क्या।

मैं सीता सा साथ निभाऊँगी ,तुम राम बन जाओगे क्या ,
दिल की बात दिल से समझ पाओगे क्या,
कुछ ऐसा साथ निभा पाओगे क्या।

मैं सति बन जाऊँगी ,तेरी होजाऊँगी ,
तुम शिव सा इंतज़ार कर पाओगे क्या ,
तुम मेरे हो ,इतना विश्वास दिला पाओगे क्या।

हाँ ,कल्युग है ,ये वादे थोड़े मुश्किल है , -२
पर ,
बस तुम साथ देदेना ,
तुम मेरे हो ,इतना एहसास देदेना ,
मैं प्यार देदूँगी ,उम्र भर का वादा देदूँगी ,

मैं तुम्हारी हूँ ,ये विश्वास देदूंगी ,
ज़िन्दगी भर का साथ देदूँगी ,
ज़िन्दगी भर का साथ देदूँगी। ..

8. उम्र भर का वादा

आओ ,
उम्र भर का वादा करे ,
हीर -रांझा जैसा प्यार करे ,
जिस दुनिया ने दूर किया ,उस दुनिया से दूर इज़हार करे ,
आओ ,रूह से रूह तक का इकरार करे ।
न कफ़न की जरूरत ,न जनाज़े का शोर हो ,
बस ,हीर की रांझा और रांझे का हीर हो। -२

आओ ,
फिर उम्र भर का वादा करे ,
लैला - मजनू जैसा प्यार करे ,
न दिन की किरण दिखे ,न रात की चाँदनी ,
न ख्वाब दिखे इस दुनिया का ,न आँखों में पानी ,
न मिट्टी हो अलग ,कब्र बने एक ,
जिस्म हो दो ,रूह बने एक।
दुनिया ने अलग किया ,मौत ने मिला दिआ ,
उस अल्लाह ने भी ,हमे एक बना दिआ।

आओ,उम्र भर का वादा करे ,

कुछ ऐसा प्यार करे,
कुछ ऐसा प्यार करे। ....

9. मन की बात

मौत सिर पे खड़ी थी ,पर खौफ ना था ,
अब जीने का और मन ना था ,
अब और दर्द सहना ना था ,मेरे बसका काम ,
टूट चुका था सब्र ,थक गई थी जान।
खुद का चेहरा देख ,पहचान ना पाई ,
अब आंसू अपनों से भी छुपा ना पाई।
फिर ,
उस दिन पापा से बोला ,मैंने धीरे ,
थक गई हूँ ,अब नहीं जीना फिरसे ,
ये सुनकर ,
कांप उठे वो भी चुपचाप ,
आंसुओ में भीग गया ,उनका शांत सा ताप ,
जब वो गले लगाकर कुछ ऐसा रोया ,
तो भगवान भी तनहा उसे देख खोया।
कहा ,
तुम ही लेलो इसे ,ये तेरे हिस्से का प्यार है ,
मै खुद रो पड़ा ,ये बच्ची नहीं तेरा संसार हैं ,
ये बच्ची नहीं तेरा संसार हैं। ...

10. काबिल

गुलाब को पाना है ,तो काँटो पे चलना होगा ,
कमल सा खिलना है तो कीचड़ में भी उतरना होगा।
कुछ कर दिखाना है ,मंज़िल को पाना है ,
तो नींद को छोड़ ,ध्यान लगाना होगा ,
रात को दिन ,दिन को रात बनाना होगा,
हर पल मेहनत कर ,खुद का साथ निभाना होगा।

पत्थर सा पूजना है ,तो चोटों को सहना होगा ,
हीरा सा निखरना है ,तो खुद को घिसना होगा।
हर मुमकिन कोशिश कर ,खुद का दीप जलाना होगा ,
दिन में सूरज सा ,रात में चाँद सा ,
निखरना होगा।

समंदर सा बनना होगा ,खुशबू सा मेहकना होगा ,
आसमा सा बनना होगा ,तारों सा चमक न होगा ,
खुद को इतना काबिल बनाना होगा ,
खुद को इतना काबिल बनाना होगा। ..

11. नम हुई आँखों का

इन नम हुई आँखों का ,
इन नम हुई आँखों का ,
किसी ने दीदार ना किया ,
फिर,
कहीं दूर से आवाज़ आई ,
चाँद को भुला दिया क्या।

सितारों का परदा ,चाँद के साथ ,
यूही टिम टिमाने लगा ,
मेरे आंसू के एक एक कतरे को ,
मुस्कान में बदलने लगा।
मुझसे बात वो कुछ इस तरह करने लगा ,
चुप सुनकर ,चुप सुनकर ,
मंद मंद वो भी मुस्कराने लगा।
ना जाने वो कैसे ,सब समझ जाता था ,
बिन बोले ,बिन बोले ,
मुस्कान देजाता था।

इन नम हुई आँखों का ,
किसी ने दीदार न किया ,

फिर ,कही दूर से आवाज़ आयी ,
चाँद को भुला दिया क्या ,
चाँद को भुला दिया क्या। ..

12. एक सिक्के के दो पहलु

जब सिक्के के भी ,दो पहलू होते है ,
तो उम्मीद केवल हार की क्यों ,
जब जीत एक नंबर से भी सकते है ,
तो उम्मीद छोड़े क्यों।
थोड़ा सब्र ,थोड़ा प्रायस ,
थोड़ी मेहनत ,थोड़ी आस , होतो
जंग लगे ताले भी खुल जाते है ,
यकीन खुद पे होतो ,दिन में भी तारे चमक जाते है।

जब तुरुप का पत्ता होतो ,इक्का भी पिट जाता है ,
जब लकीर ही खुद बनाई हो ,तो हर फ़कीर भी बादशाह बन जाता है ,
और ,जब मेहनत इतनी हो ,तो खुदा भी झुक जाता है।

जब सांप ने काटा खेल में ,फिर भी हारे नहीं ,
जब सीढ़िया छूटी बार बार ,फिर भी डगमगाए नहीं ,
क्योंकि विश्वास खुद पे है इतना ,
की उड़ने को भी ,पंखों की ज़रुरत नहीं ,
की उड़ने को भी ,पंखों की ज़रुरत नहीं। ....

13. भ्रम

जब मरना लकड़ी पे ही है ,
तो घमंड क्यों ,
जब जलना अग्नि में ही है ,
तो भ्रम क्यों ,
साँसें कब थम जानी है ,ये बात अंजानी है ,
कौनसी रात आखरी हो ,ये किसने जानी है।
वो नाम,वो शोहरत ,
का गुरूर क्यों ?
जब मिलना मिट्टी में ही है |
सारा अस्तित्व चला जाएगा ,कोई काम नहीं आएगा ,
अपना भी तुम्हे ढूँढ़ ना पाएगा।,
कर्मो का करा ही, तुम्हारे साथ जाएगा।
फिर ,
क्यों जी रहा है ,इस भ्रम में ,
हर सास कम हो रही है ,तेरी हर ज़िद में।
जो आज तेरा है ,कल किसी और का होगा ,
मत जी, इस झूठी दुनिया में।
कुछ पल जी ले ,अंदर की दुनिया में ,
जहाँ ,मंदिर ,मज्जिद मिलेगा,
तेरे हर कर्ण -कर्ण में।,

जहाँ ,ना दिन का शोर होगा ,ना रात की आहट होगी ,
बस ,एक रौशनी होगी ,
जो हमेशा तेरे साथ होगी ,
जो हमेशा तेरे साथ होगी। ..

14. चली गयी वो

सब में सब ढूँढ़ते रहे ,खो दिआ तुमने ख़ास ,
जो खड़ी थी तुम्हारे पास ,
अब ,वो भी चली गयी समय के पास।

ना पहचाना उसको ,ना समझा उसको ,
वो थाम रही थी ,तेरा हाथ ,
तू उलझा रहा दुनिया में ,
वो चली गयी ,चुपचाप।

वो रोती रही ,तड़पती रही ,
करती रही खुद से बात ,
की ,तेरे लिए ,वो खुद को बदल लेगी ,
बस ,तू मिल जाए उसे एक बार ,
लेकिन अब ,
ना उसे शिकायत थी ,ना करनी थी तुझसे बात ,
तुझपर समय ना था ,उसके लिए,
वो,चली गयी इस बार।

अब ,
वो बनके रह गयी ,तेरी याद ,

अब नहीं ढूंढ़ पाएगा ,तू उस जैसा साथ ,
हर लम्हा ,तेरी यादो में रहेगी वो ,
तू भुला ना पाएगा ,उसे एक भी बार।
तू भुला ना पाएगा ,उसे एक भी बार। ...

15. आज का सच

दर्द क्या होता है ,
उस लड़की से पूछो ,
जो चंद पैसो को बेच दी जाती है ,
कुछ मजबूरी में बिक जाती है ,कुछ अपनों के हाथ बेच दी जाती है ,
कुछ कमरों में कैद ,तो कुछ इस दुनिया में तनहा रह जाती है ,
कुछ सेह जाती है ,कुछ कह जाती है ,
कुछ काली सी बन जाती है |
हाँ ,इस कलयुग के दौर में, आज भी ,
कुछ स्वर्ग सी बन जाती ,जो साथ ज़िन्दगी भर का देजाति है ,
पर ,
कुछ नरक के दरवाजे भी खोल जाती है ,
जो रोते को और रुला जाती है ,
कुछ लष्मी ,तो कुछ सरस्वती बन जाती ,
कुछ घर को ही गंगा बना जाती है।
कुछ अपना के लिए ,मर जाती है ,मिट जाती है ,
और कुछ ,अपनों को ही मार जाती है।
इस दुनिया की भीड़ में ना जाने क्यों ,
सही भी पिस जाती है।
सही भी पिस जाती है। ..

18. एक प्रेम कहानी

बनारस की गलियों सी ,प्रेम की कहानी ,
हमारी हो ,
वो चाय की टपरी पे बैठ ,हर श्याम तुम्हारी हो।
वो गंगा की आरती में ,संग तुम्हारा हो ,
दिल से बोलू मै ,पर हर बात तुम्हारी हो।
वो साँझ की हवा में ,खुशबू तुम्हारी हो ,
चलू मै आगे -आगे ,पर परछाई तुम्हारी हो।
वो शिव की नगरी में ,पहनी तूने साड़ी हो ,
माथे पे तिलक हो, शिव के नाम ,
पर जन्मो का साथ हो ,सिर्फ मेरे नाम का।
वो घाटों की सीढ़ियों पे बैठ ,बाते हमारी हो ,
बोलू सिर्फ मै ,पर जवाब तुम्हारा हो।

कुछ ऐसी कहानी हमारी हो ,
घाट हो मणिकर्णिका सा ,
जहा ,जीवन और मृत्यु साथ हो ,
ना कोई आगे हो ,ना कोई पीछे हो ,
बस ,दो दिलो की एक आवाज़ हो।
बस,दो दिलो की एक आवाज़ हो ||

16. हर फूल तेरे लिए

हर ख़ुशी तेरे लिए ,हर गम मेरे लिए ,
मेरी फूल सी जान ,हर फूल तेरे लिए। -२

वो गुलाब सा नूर तेरे लिए ,
खिली हवा की रंगत तेरे लिए ,
वो कमल सी पवित्रता तेरे लिए ,
दिल से दुआ सिर्फ तेरे लिए ,
वो सूरजमुखी सी रौशनी तेरे लिए ,
रात की चांदनी भी तेरे लिए ,
वो बेला सी शीतलता तेरे लिए ,
साँझ की शान्ति भी तेरे लिए ,
वो चमेली सी मोहब्बत तेरे लिए ,
सपनो सा घर भी सिर्फ तेरे लिए।

हर कली ,हर फूल ,तेरी राहो में बिछा दू ,
ऐसी नज़ाकत भी सिर्फ तेरे लिए ,
हर काटा ,हर बाधा ,तेरी राहो से हटादु ,
ऐसा प्यार भी सिर्फ तेरे लिए।
ऐसा प्यार भी सिर्फ तेरे लिए। ...

17. सादगी

जो सादगी में जचती है ,
वो सूट पहन आयी , -२
गले में दुपट्टा ,आँखों में काजल लगा आयी ,
चेहरे पे मुस्कान ,होठों पे लाली लगा आयी,
वो पगली ,
बिना काले टीके के बहार निकल आयी।

वो पैरो में पायल ,कानों में झुमके पहन आयी ,
हाथो में चूड़ी पहन ,इतराती चली आयी ,
वो स्वर्ग से ,अप्सरा सी उतर आयी।

वो माथे पे बिंदी लगाए ,झुलफो को समेटे चली आयी ,
वो हिरणी सी आँखों से,मेरा कतल करने आयी।

वो बोली ,कैसी लग रही हूँ ,
मै बोला ,जैसे ,
कैलाश छोड़ ,गोरा मेरे पास खुद चली आयी।
कैलाश छोड़ ,गोरा मेरे पास खुद चली आयी। ..

19. कच्ची नहीं हु मै

तुम कहते हो ,तुम अभी छोटी हो ,
अकल में थोडी कच्ची ,पर दिखने में तुम अच्छी हो -२
मगर तुमने कभी जाना नहीं ,हमको पास से पहचाना नहीं ,
तुमने देखी चेहरे की ख़ुशी ,
कभी अंदर का हाल जाना ही नहीं।
सुनो ,
हर लड़की ही होती है -
जो घर -घर खेलते खेलते ,
घर की जिम्मेदारिओं में उतर जाती है ,
कभी माँ ,तो कभी बहन बन जाती है ,
कभी बेटी ,तो कभी जीवन साथी बन जाती है ,
कभी खुद के लिए ही ,अकेली रह जाती है।
अरे ,वो समझदार इतनी होजाती है ,
आँखों में आंसू होते है उसके ,
पर हस वो जाती है।
तुम्हारी समझदारी की परिभाषा से ,कही आगे होती है वो ,
तुम कहते रह जाते हो ,कर जाती है वो ,
पर ,
माँ -बाप के लिए बच्ची ही होती है वो ,

पर ,अकल की कच्ची नहीं होती है वो।
अकल की कच्ची नहीं होती है वो ||

20. मन पर जीत

हार गए मन से ,तो कैसे करेंगे वार ,
भीतर ही बुझ गयी अग्नि ,तो क्या करेंगे हथियार। -2

मन ही कुरुक्षेत्र है ,मन ही राम द्वार ,
अंदर ही अर्जुन है ,अंदर ही अवतार।
मन में ही बस्ते राम ,मन में ही विश्वास ,
मन के जो सच्चे ,वो पाए हर प्रकाश।
मन में ही बस्ता रावण ,मन में ही अहंकार ,
जो खुद को समझे भगवन ,वो पाए अंधकार।
अगर ,
मन ही मन से जीत जाए ,डर ही डर से हार ,
तो हर शमशान भी जीत लगे ,जब मन में हो विश्वास ,
हर अंत भी आरम्भ लगे ,जहा से हो जीत की शुरुवात।
काबू मन पर करना इतना ,की झुक जाए संसार।
की झुक जाए संसार ||

21. ऐ मेरे दोस्त

तुम मेरे वो दोस्त बनजाना ,मुझसे मिलने आखिर तक आजाना ,
जब मै जलू ,पर उससे पहले आजाना ,
मेरी चिता पे ,एक फूल रख जाना।
मुझसे ,उसके बदले भी ,
चेहरे की मुस्कान लेजाना ,
आँखों के आंसू अपने मुझे देजाना ,
मै ओढ़ लूंगी ,वो आंसू की चादर ,
तुम बस प्यार से ,नाम मेरा पुकार जाना ,
साथ ,
एक वादा देजाना ,अगले जनम जरा जल्दी आजाना।
ये ख्वाइश समझ ,पूरी कर जाना ,
मेरा अंतिम तक साथ देजाना ,
मै इतने में खुश होजाऊंगी ,
ये दोस्ती कभी ना भूल पाऊँगी।
ये दोस्ती कभी'ना भूल पाऊँगी ||